Wolfgang Endres

7x7 Lerntipps für die Grundschule

Ein fröhliches Trainingsbuch für Kinder

BELTZ

Wolfgang Endres

Pädagoge und Referent in der Lehrerfortbildung, hat 1973 das „Studienhaus St. Blasien" gegründet und ist seit 1996 Programmplaner und Koordinator der Beltz-Forum-Bildungskongresse. Er hat die „Endres-Lernmethodik" entwickelt und ist Autor und Herausgeber zahlreicher Publikationen bei Beltz.

Dieses Buch ist auch als E-Book erhältlich (ISBN 978-3-407-29363-3).

www.beltz.de

Lektorat: Miriam Frank
Herstellung, Satz und Layout: Sarah Veith
Druck und Bindung: Beltz Bad Langensalza GmbH, Bad Langensalza
Umschlagabbildung und Innenillustrationen: Jonathan Bachmann
Reihengestaltung: glas ag, Seeheim-Jugenheim
Umschlaggestaltung: Sarah Veith
Printed in Germany

ISBN 978-3-407-62925-8

Inhalt

Textaufgaben

Hausaufgaben

Klassenarbeiten

Motivation

7 Schritte zum Einsteigen in das Buch

1. Schritt: Das Buch gehört jetzt dir

Wahrscheinlich hast du das Buch geschenkt bekommen. Von deinen Eltern, von Oma oder Opa, Onkel oder Tante? Ahnst du, was sie dir damit sagen wollen? Dann kannst du ihnen jetzt sagen: „Wenn ich mit dem Buch arbeiten soll, dann haltet euch bitte raus. Aber das Kapitel am Schluss auf Seite 92, das dürft ihr gerne lesen."

2. Schritt: Wunschgebiet wählen

Du darfst dir die Lerntipps, mit denen du arbeiten möchtest, selbst aussuchen. Schau dir in der Übersicht auf den Seiten 3–4 die verschiedenen Themengebiete an. Entscheide dich für ein Gebiet, mit dem du beginnen willst: zum Beispiel Rechnen oder Schreiben, Hausaufgaben, Klassenarbeiten oder doch lieber Motivation? (Vielleicht bist du auch neugierig, was das überhaupt ist?)

3. Schritt: Den passenden Lerntipp finden

Wähle aus diesem Gebiet einen Lerntipp aus, der zu dir und deinem Alter passt. In den Kästen neben dem Thema findest du die Klassenstufen, für die der Tipp geeignet ist.

4. Schritt: Auf Zeitsternchen achten

Manchmal steht hinter einem Tipp* ein Sternchen. Das zeigt, dass du für diesen Tipp etwas mehr Zeit und Geduld brauchst.

5. Schritt: Nicht zu viel vornehmen

Das Buch ist kein Pflichtprogramm. Es genügt, wenn du an einem Tag nur einen Lerntipp bearbeitest. Und es reicht, wenn du dir jede Woche zwei Lerntipps vornimmst.

6. Schritt: Tipps, die auch mal später helfen

Du sollst das Gefühl haben, dass dir der ausgewählte Lerntipp wenigstens ein bisschen hilft. Das muss nicht immer gleich im ersten Anlauf gelingen. Manchmal entdeckst du erst etwas später, dass du den Tipp doch ganz gut brauchen kannst.

7. Schritt: Deine Siebensachen

Der letzte Schritt zum Einsteigen in dieses Buch ist eine kleine Aufgabe zum Nachdenken:
Soll das Buch jetzt zu deinen Siebensachen gehören? Kennst du die Redensart: seine Siebensachen packen? Mit Siebensachen sind allerlei Krimskrams und kleine Dinge gemeint, die zum Beispiel irgendwo im Zimmer herumliegen. Was meinst du: Ist es gut, wenn das Buch jetzt zu deinen Siebensachen gehört?

Sibu, das kleine Monster, reist mit dir als Lernbegleiter durch das Buch …

7×

Rechnen

Wie schnell man sich verzählen kann

Klasse 1–5

Dieses Buch ist ein Lerntrainer, mit dem du immer rechnen kannst. Mathematik ist die reinste Hexerei. Selbst mit einfachen Aufgaben kann man immer wieder tolle Überraschungen erleben. Zum Beispiel mit dieser:

1	2	3	4	5	6	7	8	9	10
									11
									12
									13
×									

Kannst du jetzt sofort sagen, ohne erst nachzuzählen, welche Zahl links unten in das Feld mit dem Kreuzchen × kommt? Meinst du 30? Dann zähl mal nach.

Stell dir vor, die Tabelle geht weiter: Wenn du so weiterzählst, in welchem Feld landet die 40, wo die 50?
Das ist ein irres Spiel, mit dem du sogar ein Mathe-Ass drankriegen kannst.

Hast du noch Lust auf eine andere kleine Überraschung?
Du hast 19 Äpfel in einer Tüte. Die Tüte platzt, und alle Äpfel – außer 8 – fallen heraus.
Wie viele sind noch in der Tüte?
Meinst du 19 – 8 = 11?

Oder hast du aufgepasst und bemerkt, dass es heißt:
Alle fallen heraus – außer 8.
Also fallen 11 heraus, und 8 bleiben in der Tüte.

Monster-Tipp

So gemein werden Textaufgaben oft formuliert. Da heißt der ganze Trick: genau auf die Frage achten und sich nicht verwirren lassen. Manchmal kommt es nur darauf an – und man muss kaum noch etwas rechnen.

2 Eine Finger-Rechenmaschine*

Klasse 1–2

Kommst du beim Rechnen von Plus- und Minusaufgaben gut zurecht? Dann kannst du den Tipp 2 überspringen. Wenn du aber Zahlen und Rechnen gar nicht magst, kann dieser Tipp vielleicht ganz nützlich für dich sein: die erste Rechenmaschine, die du selbst bauen kannst.

- Dazu brauchst du einen Streifen festes Papier oder Pappe. Darauf klebst du 5 blaue und 5 rote Punkte. Wenn du keine Klebepunkte hast, kannst du sie auch malen:

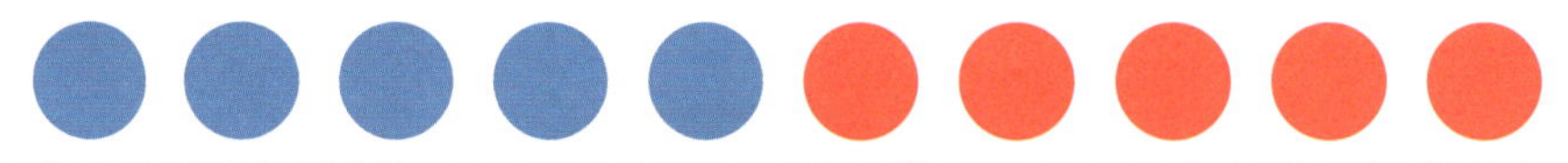

- Jetzt male dir auf den Fingernagel deines rechten Zeigefingers ein Plus + und auf den Fingernagel des linken Zeigefingers ein Minus – .

- Und schon kann es losgehen. Ein erstes Beispiel: 3 + 4 = ? Lege beide Zeigefinger auf dem Rechenstreifen hinter die 3, und decke die anderen Punkte mit deiner Handfläche zu, sodass du nur noch die ersten drei siehst:

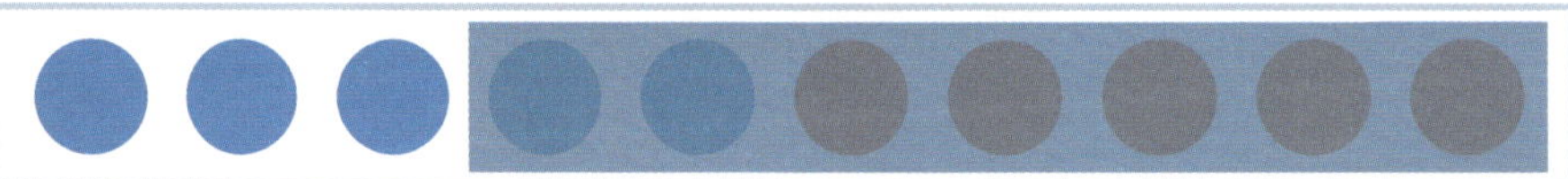

Für die Rechnung + 4 machst du mit deinem Plusfinger (rechter Zeigefinger) einen Bogen über die nächsten 4 Punkte und legst den Finger hinter diesen Punkt:

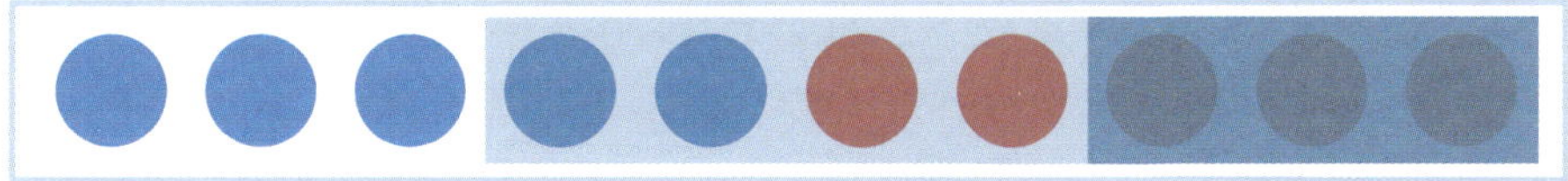

Das Ergebnis kannst du jetzt einfach abzählen.

War das einfach oder sogar viel zu einfach für dich? Dann nimm dir eine Minus-Aufgabe vor: 9 – 4 = ?

Du legst beide Finger hinter die 9 Punkte. Jetzt machst du mit deinem Minus-Finger (linker Zeigefinger) einen Bogen unter den Punkten in die Minus-Richtung nach links. So landet dein Finger hinter dem (blauen) Punkt 5 – und du siehst das Ergebnis auf einen Blick.

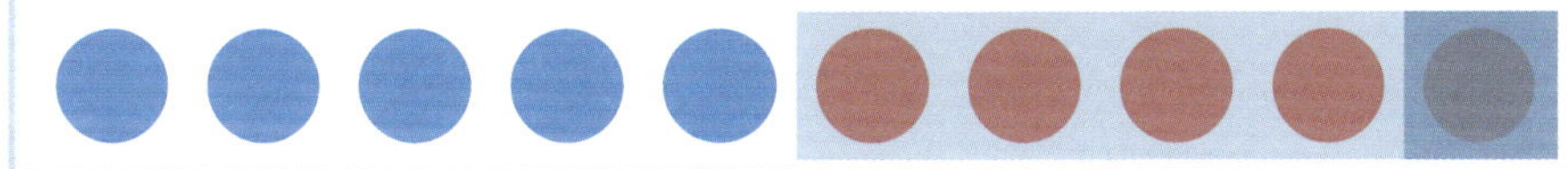

Willst du noch ein bisschen mit den Fingern üben? Also nicht einfach im Kopf ausrechnen, sondern mit den Fingern über die Punkte wandern:

2 + 7 =	7 – 5 =
8 – 3 =	3 + 6 =
5 + 4 =	9 – 8 =

weiter geht's

- 6 + 7 =
Das schafft deine Finger-Rechenmaschine nicht. Jetzt reicht eine Reihe mit Punkten nicht mehr aus. Für solche Aufgaben (mit der Zehnerüberschreitung) brauchst du eine größere Rechenmaschine. Und für 36 + 5 eine noch größere. Deshalb erhältst du hier eine Vorlage mit 10 Reihen, also mit 100 Punkten:

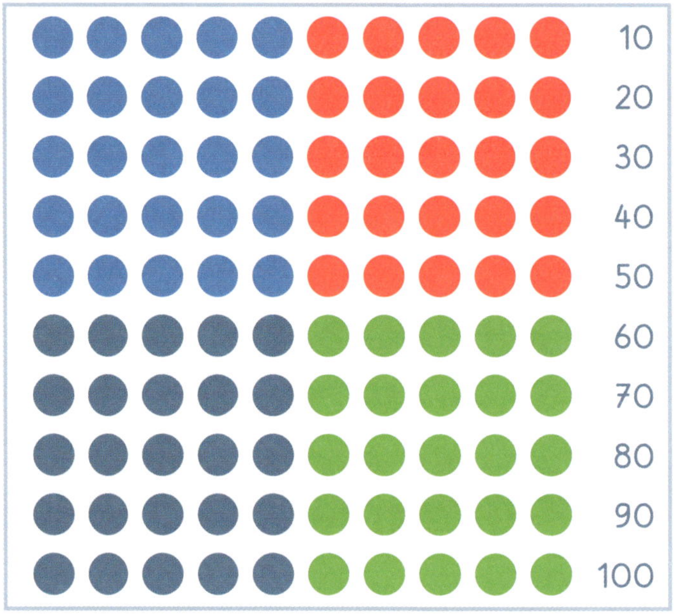

10
20
30
40
50
60
70
80
90
100

- Mit dieser Hundertertafel bekommst du durch die Punkte eine bessere Vorstellung von größeren Zahlen. Suche zum Beispiel die Zahl 36. Dazu gehst du auf das Ende der Reihe, an der die 30 steht. In der nächsten Reihe zählst du 6 dazu. Dabei sprichst du: 36 gleich 30 plus 6.

- Aber aufgepasst! Wenn du ganz schnell sein willst und denkst, dass du die Zahl 36 in der Reihe findest, an deren Ende die 30 steht, liegst du falsch. Denn in dieser Reihe stecken nur die Zahlen von 21 bis 30.

3 Ein guter Vergleich

Klasse 1–3

Kannst du dir gut vorstellen, wie groß oder klein ein Gegenstand ist? Das ist beim Rechnen schon eine gute Hilfe. Denn da geht es oft um das Vergleichen von verschiedenen Größen.

Willlst du einmal testen, wie schnell und gut du unterscheiden kannst: Was ist größer? Was ist kleiner? Setze zwischen jedes Begriffspaar in der Tabelle auf der nächsten Seite das passende Zeichen.

- Wenn du die beiden Gegenstände vergleichst, beginnst du mit dem linken Begriff.
  Haus Schuhe
  Du sagst:
  Das Haus ist …

- Nun schaust du auf das Zeichen zwischen den zwei Dingen.
  Haus > Schuhe
  Ist das Zeichen links offen und zeigt die Spitze nach rechts, sagst du:
  Das Haus ist größer
  (an der Stelle ist das offene Zeichen größer)

  als die Schuhe
  (denn die Spitze zeigt, wo das kleinere Teil steht).

- Würden die beiden Teile einander so gegenüberstehen:
  Schuhe < Haus
  müsstest du sagen:
  Die Schuhe sind
  (die kleine Spitze zeigt auf die Schuhe)

  kleiner als das Haus.

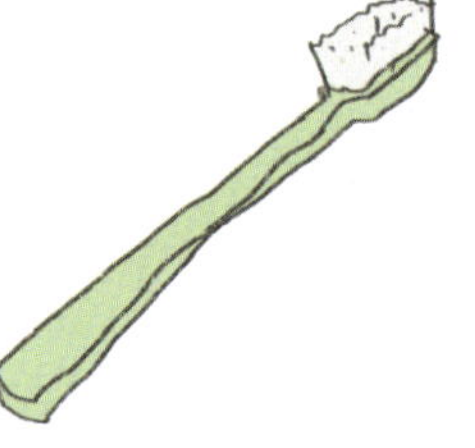

	> links größer < links kleiner	
Fußball		Tor
Garten		Zwerg
Wald		Ameise
Ameisen		Bär
Zahn		Bürste
Pizza		Bäcker
Kinder		Schokolade
Brief		Kasten
Fluss		Bett
Maul		Esel
Gänse		Blümchen
Laus		Bub
Welt		Atlas
Sau		Stall

Findest du selbst noch Beispiele?

	> links größer < links kleiner	

4 Schätzen und wiegen

Klasse 1–3

Kannst du gut schätzen, wie schwer ein Gegenstand ist?
Schätze einmal, was schwerer ist:

- Ein Teller oder eine Tasse?
- Ein Apfel oder eine Banane?
- Ein Becher Milch oder ein Glas Wasser?

Suche ein paar Gegenstände, die nicht zu groß und nicht zu schwer sind.

Schreibe zwei Gegenstände, die ungefähr gleich schwer sind, in die Tabelle, das sind Gegenstand 1 und Gegenstand 2:

Gegenstand 1	> schwerer als < leichter als	Gegenstand 2	Tatsächliches Gewicht in g Gegenstand 1	Tatsächliches Gewicht in g Gegenstand 2	Meine Treffer: ●
			g	g	
			g	g	
			g	g	
			g	g	
			g	g	
			g	g	
			g	g	
			g	g	
			g	g	

- Jetzt nimm den Gegenstand 1 in die linke Hand und den Gegenstand 2 in die rechte.

- Schätze, welcher der beiden schwerer oder leichter ist, und setze das passende Zeichen

  > (links ist schwerer)
  < (links ist leichter)

  in die Spalte zwischen die beiden Wörter.

- Anschließend wiegst du die beiden Gegenstände auf einer Küchenwaage.

- Hast du richtig geschätzt und das passende Zeichen < oder > in die Tabelle eingesetzt, trägst du in der rechten Spalte deinen Treffer als dicken Pluspunkt ● ein.

5 Gut kombiniert ist schon fast ausgerechnet

Klasse 2–4

Kombinieren heißt, Zusammenhänge zwischen Dingen oder Größen erkennen und Verbindungen herstellen. Genau darum geht es auch in vielen Rechenaufgaben. Du hast zum Beispiel eine unbekannte Zahl und suchst die Lösung. Und so kannst du sie finden: Du kombinierst die unbekannte Zahl mit einer bekannten. Das kannst du gleich hier ausprobieren:

In einem Schaufenster sind Smartphones ausgestellt. Wie eine Pyramide sind sie aufgebaut. Da siehst du die unterste Reihe mit 7 billigen Angeboten. Und in der obersten Reihe steht ein richtig teures Modell. Aber dazwischen sind viele Preise überhaupt nicht zu erkennen. Du bekommst aber alle Preise heraus. Lies mal das Schild im Schaufenster:

Großer Kundenwettbewerb!
So ermitteln Sie die Preise selbst: Zwei Preise nebeneinander ergeben zusammengezählt den Preis darüber.
Rechnen Sie mit uns. Füllen Sie die leeren Felder aus.

294						
	76	73				
7	8		11		7	
3	4			6		5

6 Party mit Tabellen

Klasse 3–5

Mit einer Tabelle verschaffst du dir eine gute Übersicht und kannst die Zusammenhänge besser erkennen, die zum Beispiel zwischen zwei Größen bestehen.

Eine Woche hat 7 Tage. In der Tabelle fehlen einige Zahlen. Kannst du sie eintragen?

Tage	14	21		35		
Wochen		3				7

Sind aber noch mehr Sachen und Zahlen zu sortieren, wird es komplizierter. Stehen zum Beispiel viele Zahlen, verschiedene Sachen und Namen in einem Text, kannst du leicht den Überblick verlieren. Dann ist eine Tabelle erst recht eine starke Hilfe. Hier kannst du das testen.

Partyvorbereitung

Levi will eine große Party vorbereiten. Da soll es natürlich auch Getränke und eine Kleinigkeit zu essen geben. Für jeden Geschmack soll etwas dabei sein. Aber was mögen die einzelnen Mädchen und Jungen? Levi will Marcel und Leonie fragen. Denn diese beiden kennen die Klassenkameraden am besten.

Leonie und Marcel legen sofort los. Sie zählen auf und reden durcheinander. Levi hat große Mühe, sich alles zu notieren:

weiter geht's

David trinkt nur Apfelsaft. Er mag aber keine Milch, die Sina über alles liebt. Und für Selina müssen wir unbedingt Orangensaft besorgen. Und noch Äpfel, die sie gerne dazu isst. Das hat sie mit Leonie und Sina gemeinsam. Bei den Äpfeln macht Levi auch für sich ein Kreuzchen. David trinkt zwar gerne Apfelsaft, aber er mag keine Äpfel. Er isst lieber Mandarinen. Für sich selbst kann Levi Brötchen und Käse notieren, dazu trinkt er gerne Milch. Für Leonie schreibt er Schokoriegel und Kakao auf. Kakao und Schokoriegel findet Marcel viel zu süß, genau wie Apfelsaft – er begnügt sich mit Mineralwasser und Salzstangen. Aber er beißt auch gerne in einen Apfel. Als Levi die fertige Tabelle sieht, fragt er nur: „Brauchen wir das wirklich alles für die Party? Oder wollt ihr mich veräppeln?“

Trage deine Ergebnisse in die Tabelle ein.

	Selina	David	Marcel	Leonie	Levi	Sina
Kakao						
Milch						
Orangensaft						
Mandarinen						
Äpfel						
Mineralwasser						
Apfelsaft						
Schokoriegel						
Brötchen						
Käse						
Salzstangen						

Jetzt siehst du wohl auf einen Blick, wer was mag.
Und was meinst du, weshalb Levi fragt: „Oder wollt ihr mich veräppeln?“

7 Regeln für einen guten Durchblick

Klasse 4–5

„Mit mir kannst du immer rechnen!“ Wer so etwas zu einem Freund sagt, will damit betonen: „Du kannst dich auf mich verlassen!“ Wer zuverlässig ist, hält sich an Abmachungen und Regeln. Das fängt schon mit einfachen Sachen an. Es ist aber trotzdem nicht immer einfach, so einfache Dinge einzuhalten wie diese sieben kleinen Regeln:

1. **Gute Arbeitsmaterialien**
   Für Mathematik brauchst du gutes Werkzeug: Bleistift, Lineal, Bleistiftspitzer und Radiergummi.

2. **Übersichtlich schreiben**
   Schreibe + oder – und = bei mehreren Rechnungen ordentlich untereinander und Zahlen in die Kästchen deines Hefts. Verwende pro Zahl oder Zeichen ein Kästchen.

3. **Zu Hause Schulaufgaben üben**
   Rechne Aufgaben, die du in der Schule gelöst hast, zu Hause mit anderen Zahlen. Das ist eine gute Übung für den nächsten Rechentest.

4. **Textaufgaben zeichnen**
   Stell dir bei einer Textaufgabe die Dinge genau vor, die im Text genannt werden. Zeichne eine Skizze oder male ein einfaches Bild.

5. **Tabellen mit Regeln**
   Schau dir die Zahlen in einer Tabelle an und beschreibe mit deinen Worten, was die Zahlen bedeuten. Welche Rechenregel kannst du in der Tabelle erkennen?

6. **Textaufgaben überprüfen**
   Wenn du eine Textaufgabe ausgerechnet hast, überlege, ob das Ergebnis stimmen kann. Mache die Probe mit deiner Lösungszahl. Wenn drei Tafeln Schokolade zum Beispiel 750 € kosten sollen, stimmt etwas nicht.

weiter geht's

7. Keine Panik, Augen schließen

Wenn du nicht gleich eine Lösung findest, schließe mal kurz die Augen. Trägst du eine Brille, ziehst du sie ab. Reibe deine Handflächen schnell und fest aneinander, bis sie ganz warm werden.
Halte die warmen Hände auf deine Augen und zähle langsam 7 – 6 – 5 – 4 – 3 – 2 – 1 – 2 – 3 – 4 – 5 – 6 – 7.
Bist du wieder bei 7 angekommen, überlege noch einmal: Was soll ich ausrechnen? Erst dann öffnest du die Augen – und siehst die Aufgabe mit einem neuen Blick.

7×
Lesen
Umblättern

Eine kleine Entdeckungsreise

Klasse 2–4

„Warum das Schwein weinte“ ist eine lustige (oder auch traurige) Geschichte von Iwan Krylow. Wenn du sie gelesen hast, kannst du das kleine Schwein bestimmt verstehen.

Ganz nebenbei kannst du auf die Suche gehen: Wie oft findest du das Wörtchen -ein- in diesem Text? Willst du mit einem Bleistift auf die Suche gehen und alle Stellen unterstreichen? In den sieben Zeilen bis zu dieser Stelle sind es schon sieben Striche.

Warum das Schwein weinte
von Iwan Krylow

Ein Schwein, das auf einem Bauernhof lebte, hörte, wie sich die Menschen stets mit seinem Namen beschimpften. Die Magd sagte zum Knecht: „Du hast mich belogen, du bist ein Schwein!“ Der Bauer sagte: „Dieser Händler ist ein Schwein, er hat mich betrogen!“ Und die Bäuerin schalt die Magd: „Wie schmutzig und unordentlich ist die Küche. Das ist doch eine Schweinerei!“

So ging es fort, und das Schwein kränkte sich immer mehr und mehr darüber. Eines Tages, als es wieder zuhören musste, wie man seinen Namen missbrauchte, legte es sich in seinem Koben[1] nieder und weinte.

Im Stall war aber auch ein munterer kleiner Esel. „Warum weinst du?“, fragte er voll Anteilnahme das Schwein. „An meiner Stelle würdest du auch weinen“, schluchzte das Schwein. Und es erzählte alles dem Esel. Der Esel hörte mitfühlend zu und sagte: „I-a, das ist wirklich eine Schweinerei!“

1 Koben = kleiner Schweinestall

- Hast du alle 27 -ein- gefunden?

- Und hast du noch Geduld für eine neue Suche?
  Wie oft entdeckst du das Wörtchen -ich- in der Geschichte?

- Und was macht dir mehr Spaß:
  einfach die Geschichte lesen oder nach Wörtchen suchen?

- Oder willst du selbst eine solche Suchaufgabe erfinden?
  Mit einem Text in einer Zeitung oder Zeitschrift?

2 Der Lesekompass

Klasse 3–5

Wer gewinnt, wenn du Memory spielst? Meistens du? Dann weißt du wahrscheinlich auch sonst ziemlich genau, wo du etwas gesehen oder gelesen hast?

Auf der rechten Seite findest du fünf kurze Informationen an verschiedenen Stellen. Wenn du möchtest, dann probiere doch mit den folgenden Tipps einmal aus, wie gut du sie dir merken kannst.

- Lies zuerst den Zettel oben. Merke dir: Kaninchen oben.
  Am besten schließt du jetzt kurz die Augen und stellst dir vor:
  Kaninchen – Ohren – oben.

- Als Zweites liest du den Zettel unten und merkst dir: Fische unten.
  Und wieder schließt du die Augen und stellst dir vor:
  Fische – Augen – unten.

- Als Drittes kommt der Zettel links an die Reihe: Giraffe links.
  Augen noch mal schließen und vorstellen:
  Giraffe – Schritte – links.

- Weiter geht es mit dem vierten Zettel rechts: Bäume rechts.
  Augen zu: Bäume – Menschen – rechts.

- Zum Schluss liest du, was in der Mitte steht: Müdigkeit Mitte.
  Du schließt die Augen: Müdigkeit – gähnen – Mitte.

Wenn du alle Zettel gelesen hast, kannst du einen Test machen.
Auf Seite 64 findest du ein paar Fragen dazu.

Kaninchen können ihre Ohren in alle Richtungen stellen: nach links, rechts, vorn und hinten.

Mit ihren langen Beinen macht eine Giraffe siebenmal (7!) so große Schritte wie ein erwachsener Mensch. Obwohl ihr langsamer Gang sehr schwerfällig wirkt, können sie bei Gefahr rennen und erreichen Geschwindigkeiten bis zu 55 Stundenkilometer.

Bei Müdigkeit und Langeweile wird unser Gehirn träge. Es bekommt nicht genug Sauerstoff, und wir gähnen. Dadurch atmen wir plötzlich sehr viel Luft ein.

Bäume leben gewöhnlich länger als Menschen. Und sie wachsen ihr ganzes Leben lang.

Fische haben keine Augenlider, darum müssen sie mit offenen Augen schlafen.

3 Der schönste erste Satz

Klasse 3–5

Es gab einmal einen Wettbewerb: Der schönste erste Satz. Wer ein Buch gelesen hatte, sollte noch einmal den ersten Satz anschauen und sich fragen: Ist das ein besonders schöner Satz? Wenn ja, was gefällt mir so an diesem Satz?

- Schon der erste Satz in einem Buch kann fesselnd sein. Er macht neugierig darauf, wie die Geschichte weitergeht. Wer gerne Bücher liest, kennt das. Du auch? Oder liest du Bücher nicht so gerne? Dann könnte die Suche nach einem einzigen Satz ein guter Anfang sein. Du gehst in eine Bücherei und willst sieben Bücher testen. Du nimmst ein Buch aus dem Regal, liest nur den ersten Satz und stellst es zurück. So machst du es mit einem zweiten, dritten, vierten, fünften, sechsten und siebten Buch.

- Wenn du sieben Sätze gelesen hast, fragst du dich: In welchem Buch steht der schönste erste Satz? Vielleicht willst du in dieses Buch noch einmal hineinschauen und weiterlesen. Das musst du aber nicht. Denn die Aufgabe hast du schon erfüllt, der Tipp hieß ja nur:

4 Suchspiel mit dem Abc

Klasse 1–2

Ob in einem Lexikon, im Telefon- oder im Postleitzahlenbuch: Überall begegnet dir das Abc. Wer das Alphabet kennt, findet schneller, wo was steht.

Hier ist eine Tabelle ziemlich durcheinandergeraten. Kannst du sie rasch in Ordnung bringen? Schreibe die Zahlen in der richtigen Reihenfolge des Alphabets unter die Buchstaben:

C	R	G	U	A	X	J	N	F	Q	M	Y	S	B	L	V	E	T	H	P	W	I	O	Z	D	K
				1																					

Noch eine Runde mit Kleinbuchstaben?

e	r	l	c	q	h	n	b	u	o	k	a	s	g	w	p	i	y	t	d	z	j	v	m	f	x

Und eine dritte Runde umgekehrt? Welche Buchstaben gehören in der Reihenfolge des Alphabets unter die Zahlen?

8	12	19	3	15	23	9	20	1	24	16	5	13	2	10	22	7	26	11	4	17	21	25	14	18	6

Hast du eine Idee für diese Tabelle?

5 Sätze im Zickzack lesen

Klasse 2–5

Schau dir diese besondere Tabelle an. Hier kannst du in den Spalten (1 bis 8) und den Zeilen (a bis i) kreuz und quer lesen.

Verfolge einmal diese Lesespur:

1 b – 2 a – 3 h – 4 c – 5 c – 6 c – 7 h – 8 c

	1	2	3	4	5	6	7	8
a	Der	schmutzige	Lappen	fliegt	immer	in	die	Ecke.
b	Die	verspielte	Katze	springt	schnell	auf	unser	Dach.
c	Das	zerknitterte	Heft	passt	gut	unter	mein	Kopfkissen.
d	Mein	langhaariger	Dackel	macht	nie	vor	euer	Gartentor.
e	Euer	aufgeblasener	Ball	knallt	oft	neben	das	Tor.
f	Unsere	beliebte	Lehrerin	schreibt	gerne	an	unsere	Tafel.
g	Ihr	verrostetes	Fahrrad	kracht	laut	gegen	meine	Wand.
h	Deine	neue	Brille	rutscht	gerade	hinter	dein	Bett.
i	Sein	schönes	Eis	läuft	langsam	über	seine	Hose.

Lösung:

1 b	2 a	3 h	4 c	5 c	6 c	7 h	8 c
Die	schmutzige	Brille	passt	gut	unter	dein	Kopfkissen.

- Nimm jetzt ohne Lesespur (1 b – 2 a usw.) der Reihe nach aus jeder Spalte ein Wort. Je lustiger deine Sätze sind, desto schöner. Achte aber auf die Grammatik:

  Euer schönes Lehrerin springt nie hinter unser Tafel.

  Das wäre zwar ein lustiger Satz, er hätte aber mehrere Grammatikfehler.

- Wie viele Sätze kannst du lesen, die zwar komisch, aber trotzdem richtig sind?

Findest du in der Tabelle einen Satz, der sehr gut zu dieser Zeichnung passt?

Wörter mit Zahnlücken

Klasse 3–5

In der hebräischen Schrift gibt es keine Vokale (Selbstlaute wie a, e, i, o, u, ä, ö, ü), sondern nur Konsonanten (Mitlaute wie b, c, d, f, g usw.). Daraus lässt sich gut eine Geheimschrift machen.

Da steht zum Beispiel S.G.N
Das kann nun heißen: SEGEN, SAGEN oder SÄGEN.
Meistens lässt sich nur aus dem Sinn des Satzes, in dem das Wort steht, ablesen, was gemeint sein könnte.

Kannst du den folgenden Satz in der Geheimschrift lesen?

W.R / D.S / L.S.N / K.NN, / .ST / R.CHT.G / G.T!

Und wie heißt dieser Satz?

D.CH / BR.NGT / J.TZT / S. / SCHN.LL / N.CHTS / M.HR / ..S / D.R / R.H.!

Und das ist die Lückentextlesemeisterprüfung:

W.LLST / D. / Z.M / SCHL.SS / N.CH / .TW.S / G.NZ / SCHW..R.G.S / L.S.N?
D.NN / B.K.MMST / D. / D..S. / .NTW.RT:
L.CK.NT.XTL.S.M..ST.RPR.F.NG / B.ST.ND.N!

7 Wenn Wörter immer länger werden*

Klasse 3–5

Wenn du lange Wörter lesen musst, kleben dir die Silben wie Kaugummi zwischen den Zähnen – oder schlimmer noch: wie Kaugummi auf den Augen. Das ist schon anstrengend genug, wenn es Wörter sind wie Schulhofgelände oder Pizzabäckermütze.

Es kann aber auch Spaß machen, solche Bandwurmwörter zu bilden. Vielleicht entsteht daraus sogar eine ganze Geschichte. Und wie viel Spaß macht es erst, so eine Geschichte laut vorzulesen? Willst du es einmal versuchen?

Eine Wörterschlange im Kindergarten

Eine Schlange im Garten – iihhh! Eine Schlange im Kindergarten – Hiiilfe!! Eine Wörterschlange im Kindergarten? Das klingt nicht nach Ungeheuer. Das scheint mehr etwas Lustiges zu sein. Aber wer weiß?

Ja, die Geschichte fängt ganz harmlos an: Da spielen Kinder in einem Garten. Aber das ist kein Kindergarten. Trotzdem spielen sie ein Kindergartenspiel. Und so gehen sie zum Kindergartenspielplatz. Auf diesem steht ein Kindergartenspielplatzbaum. Und auf diesem Kindergartenspielplatzbaum gibt es ein Kindergartenspielplatzbaumhaus. Aber das Kindergartenspielplatzbaumhaus ist nicht für alle Kinder offen. Deshalb hat das Kindergartenspielplatzbaumhaus eine Kindergartenspielplatzbaumhaustür. Und diese Kindergartenspielplatzbaumhaustür ist abgeschlossen. Nur eine Erzieherin hat für die Kindergartenspielplatzbaumhaustür den Kindergartenspielplatzbaumhaustürschlüssel. Und vor einiger Zeit wollten ein paar Kinder den Kindergartenspielplatzbaumhaustürschlüssel haben.

Aber erst sollten sie einen Kindergartenspielplatzbaumhaustürschlüsselanhänger malen. Und damit die Erzieherin den Kindergartenspielplatzbaumhaustürschlüssel immer schnell findet, sollte der Kindergartenspielplatzbaumhaustürschlüsselanhänger kunterbunt sein. Und die Kinder, die den buntesten Kindergartenspielplatzbaumhaustürschlüsselanhänger gemalt hatten, bekamen zur Belohnung den Kindergartenspielplatzbaumhaustürschlüssel. Sie kletterten auf den Kindergartenspielplatzbaum zum Kindergartenspielplatzbaumhaus. Und als sie die Kindergartenspielplatzbaumhaustür mit dem Kindergartenspielplatzbaumhaustürschlüssel öffnen wollten, fiel ihnen der Kindergartenspielplatzbaumhaustürschlüssel mit dem kunterbunten Kindergartenspielplatzbaumhaustürschlüsselanhänger herunter. Und damit ist die Kindergartenspielplatzbaumhaustürschlüsselanhängergeschichte endlich aus.

7×
Schreiben

Silben schwingen

Klasse 1–2

Mit diesem Tipp bringst du Schwung in die Wörter. Du kannst sie auf einen Zettel schreiben, wie sie hier unten in der Liste stehen. Das musst du aber nicht. Mit dem Silbenschwingen kannst du schon beginnen, wenn du nur Bögen hier in das Buch malst:

- Zeichne bei den folgenden Wörtern Bögen unter jede Silbe wie beim ersten Beispiel:

Lo-ko-mo-ti-ve	Sil-ben-bö-gen	Haus-auf-ga-ben
Tan-nen-zwei-ge	Kin-der-gar-ten-kin-der	Pla-ne-ten-him-mel
Kof-fer-auf-kle-ber	Was-ser-ei-mer-trä-ger	Bie-nen-ho-nig-glä-ser

- Wenn du die Wörter auf einen Zettel geschrieben hast, darfst du dir schon mal selbst auf die Schulter klopfen. Wenn du die Bögen in das Buch gemalt hast, kannst du diesen Schritt überspringen, du darfst dich aber über die Bögen freuen.

- Die schriftliche Aufgabe ist erledigt. Jetzt folgt nur noch eine mündliche:

  Nimm deinen Zettel oder das Buch mit den Silbenwörtern. Lies jedes Wort langsam und laut vor – Silbe für Silbe, male dabei mit deinem rechten Arm Bögen in die Luft – richtig große Bögen, gehe bei jeder Silbe, also mit jedem Bogen, einen Schritt nach rechts.

  So lässt du die Wörter klingen und schwingen.

2 Wörter richtig trennen

Klasse 1–2

Manchmal musst du am Zeilenende Wörter trennen. Dabei kann es vorkommen, dass du das Wort an der falschen Stelle trennst. Da geht ein einzelner Buchstabe schon mal verloren. Oder er bleibt an der falschen Stelle hängen. Da-ge-gen gibt es ein gu-tes Mit-tel: Trennstriche und Bögen malen. Das sind die nächsten Schritte:

- Trenne die Wörter im Kasten unten nach Silben und zeichne die Trennstriche ein. Zum Beispiel: fertig; fer-tig

- Zeichne danach Bögen unter jede Silbe wie beim ersten Beispiel.

Suppentasse	Kassenzettel	Fußballtore
Wasserbälle	Schulranzen	Fotoalbum
Besserwisser	Musikunterricht	Gewitter

- Nimm jetzt das Buch, und lies jedes Wort langsam und laut vor – Silbe für Silbe, male dabei mit deinem rechten Arm Bögen in die Luft – richtig große Bögen. Wenn es dir Spaß macht, kannst du bei jeder Silbe, also mit jedem Bogen, einen Schritt nach rechts gehen.

- Welches Wort war das schwierigste für dich? Dieses schreibst du am besten auf einen Zettel – mit extra breiten Trennstrichen.

3 Vom Wort zum Wörtchen

Klasse 1–2

Machst du aus einem Wort ein Wörtchen oder aus einem Punkt ein Pünktchen, bekommt das Wörtchen Pünktchen.

Soll aus einer Katze ein Kätzchen werden, bekommt die Katze Pünktchen und verliert hinten das -e. Genau wie die Bohne, wenn sie zum Böhnchen wird.

Vergisst du die Pünktchen manchmal beim Schreiben? Dann wäre es eine gute Übung für dich, wenn du die folgenden großen Wörter klein machst.

Wurst	>	
Haus	>	
Baum	>	
Ast		
Suppe		
Wolke		
Tochter		
Kuss		
Hund		
Ohr		

Faust		
Blume		
Puppe		
Hand		
Bruder		
Kanne		

4 Merksätze für Doppellaute

Klasse 2–3

In diesem Tipp findest du sieben Merksätze als Rechtschreibregel. Mithilfe der Tabelle kannst du erkennen, was du immer richtig oder manchmal falsch machst. So kannst du dich vor Rechtschreibfehlern schützen: Kreuze in der Tabelle an, in welcher Weise der Merksatz auf dich zutrifft.

Das mache ich …	immer richtig	meistens richtig	manchmal falsch	oft falsch
1. Wörter am Satzanfang und Substantive schreibe ich groß.				
2. Wörter mit doppelten Mitlauten erkenne ich, wenn ich sie trenne: Trom-mel, bit-ter, Klas-se.				
3. Um einen Doppellaut am Ende eines Wortes besser zu erkennen, muss ich es verlängern (die Mehrzahl bilden): aus Ball werden Bäl-le, aus Kamm werden Käm-me.				
4. Verwechsle ich e und ä oder eu und äu, leite ich das Wort ab: gibt es im Wortstamm, also dem Stamm dieses Wortes, ein a? Stamm – Stämme; oder ein au? Haut – Häute; aber warum heute?				
5. Fluss mit ss – aber fließen mit ß. Warum? – Nach einem kurzen Selbstlaut schreibe ich ss, nach einem langen Selbstlaut (das komische) ß: Fuß – grüßen – fließen – Kloß – groß.				
6. Nach au, ei, eu oder ie kann nie ein doppelter Mitlaut stehen: lau-fen, knei-fen, heul-en, Rie-se.				
7. Mein eigener Merksatz:				

5 Stichpunkte für gute Notizen

Klasse 3–5

Notizen unterstützen dich dabei, dir Dinge besser zu merken. Zum Beispiel, wenn du etwas vor der Klasse präsentieren sollst. Hier stehen sieben Stützen für Notizen:

1. **Kurz und klar:** Notizen müssen kurz und klar verständlich sein. Notiere nicht in ganzen Sätzen – einzelne Stichworte genügen.

2. **Lesbar:** Notizen müssen lesbar sein. Wenn du sie selbst nicht mehr entziffern kannst, sind sie wertlos.

3. **Übersichtlich:** Beschrifte deine Notizzettel nur auf einer Seite, so sind sie übersichtlicher. Lass einen breiten Rand für spätere Ergänzungen.

4. **Wichtig:** Ist der Notizzettel dir besonders wichtig, schreibe das Thema als Überschrift und setze das Datum dazu. So weißt du später gleich, um was es geht.

5. **Aufgeräumt:** Notizzettel sollen nicht überall herumfliegen. Sie sind an der Pinnwand, im Zettelkasten oder im Notizblock am besten aufgehoben.

6. **Erinnernd:** Schau dir deinen Notizzettel später wieder an. Lies die Stichworte und berichte in ganzen Sätzen, worum es bei diesem Thema geht.

7. **Wegwerfbar:** Hebe Notizzettel nur so lange auf, wie du sie wirklich brauchst.

6 Gedichte zum Selbermachen

Klasse 3–5

Sei doch selbst einmal Schriftstellerin oder Schriftsteller.
Es muss ja nicht gleich ein Buch werden. Wie wäre es für den Anfang mit einem Gedicht?

Haikai oder Haiku ist eine Gedichtform, die aus Japan stammt. Bei einem Haiku-Gedicht kommt es nicht auf Reime an, sondern auf die Melodie und den Rhythmus der Sätze. Diese machen einfache Zeilen zum Gedicht.

Hier ein Beispiel.
Willst du mal nachzählen?

Hai und Kai sind zwei. → Die 1. Zeile hat immer fünf,
Und Haikai ist japanisch, → die 2. Zeile immer sieben (7!),
heißt bei uns Haiku. → die 3. Zeile wieder fünf Silben.

Erste Zeile fünf
und zweite Zeile sieben,
dritte wieder fünf.

Es darf Unsinn sein,
nur auf Silben kommt es an:
Fünf und sieben – fünf.

Heidelbeeren fein.
Gurken schmecken immer gut.
Komisch ist der Sinn.

Du siehst, manchmal braucht auch Unsinn feste Regeln.
Hast du Lust und Mut, ein eigenes Haiku-Gedicht zu verfassen?
Dann wärst du schon mittendrin im kreativen Schreiben.

7 Ideen für einen guten Aufsatz*

Klasse 3–5

Du sitzt vor deinem Heft und sollst einen Aufsatz schreiben. Das Thema ist: Mein schönstes Ferienerlebnis. Dazu kannst du eine Menge erzählen. Aber du weißt nicht, wie du anfangen sollst. Du denkst nach und denkst nach, kommst aber nicht weiter. Und dann fällt dir gar nichts mehr ein. Da hilft dir vielleicht der kleine Aufsatztrainer.

Wenn du mit ihm trainieren willst, brauchst du eine kleine Zettelbox. Die steht am besten vor dir auf dem Tisch. Und das sind die sieben Trainingsrunden:

1. Runde: Thema festhalten

Schreibe das Aufsatzthema auf einen Zettel. Lege diesen so vor dich hin, dass du ihn gut lesen kannst. Vielleicht hängst du ihn auch an die Schreibtischlampe.

2. Runde: Ideen notieren

Du siehst jetzt das Thema vor dir. Sobald dir etwas dazu einfällt, schreibst du die Idee auf einen Zettel. Für jede neue Idee brauchst du einen neuen Zettel.

3. Runde: Abwechslung suchen

Fällt dir nichts mehr ein, grüble nicht zu lang, beiß dich nicht fest. Mach lieber etwas anderes, zum Beispiel Mathematikaufgaben.

4. Runde: Zurück zum Thema

Danach schaue wieder auf das Aufsatzthema. Lies die Zettel durch, auf denen du schon Ideen notiert hast. Dadurch fällt dir wahrscheinlich wieder etwas Neues ein. Schreibe es auf.

5. Runde: Genug gesammelt

Ende der Ideensammlung. Lege die Zettel nebeneinander vor dich hin.

6. Runde: Eine Geschichte basteln

Die brauchbaren Ideen pickst du jetzt heraus und ordnest sie wie ein Kartenspiel. Mit welcher Idee willst du beginnen? Wie geht die Geschichte weiter? Wie soll der Schlusssatz heißen? Sortiere die Zettel so lange, bis der Ablauf deiner Geschichte stimmt.

7. Runde: Den Aufsatz schreiben

So hast du eine Gliederung für deinen Aufsatz und kannst jetzt Satz auf Satz ins Reine schreiben.

Nächste Runde

Perfekte Verwirrung*

Klasse 4–5

Eine Textaufgabe klingt oft komplizierter, als sie ist.
Mit der folgenden Denksportaufgabe kannst du das testen:

Ein völlig verrückter Streit – da blickt kein Mensch mehr durch

Kai, Sven und Andy sitzen fröhlich im Bus in der letzten Reihe und machen Blödsinn. Dann kommen Chris und Florian dazu. Plötzlich fangen sie alle an zu streiten. Einer nach dem anderen steht auf und setzt sich beleidigt an einen anderen Platz.

Kai geht nicht als Erster. Auch Sven geht nicht als Erster. Er ist aber auch nicht der Letzte. Andy geht ebenfalls nicht als Erster, aber er geht direkt vor Kai. Chris geht nicht als Zweiter. Nach Chris geht ein Zweiter. Und gleich nach diesem geht Florian. Wer bleibt als Letzter sitzen?

Die Aufgabe klingt wahrscheinlich auch für dich wahnsinnig kompliziert. Aber Schritt für Schritt findest du den Lösungsweg.

1. Schritt
Worum geht es in dieser Aufgabe?
→ Um Jungen, die sich in einem Bus streiten.

2. Schritt
Wie heißt die Frage am Schluss?
→ Wer bleibt als Letzter sitzen?

3. Schritt

Welche Hinweise im Text helfen mir, die Lösung zu finden?

→ Da gibt es eine Reihe von Namen, und es ist von einer Reihenfolge die Rede. Ein typischer Fall für eine Tabelle, in der man sich einen Überblick verschaffen kann:

Name	Reihenfolge

4. Schritt

Was kann ich schon in diese Tabelle eintragen?

→ Die Namen der Jungen sind bekannt.

Name	Reihenfolge
Kai	
Sven	
Andy	
Chris	
Florian	

5. Schritt

Weil es fünf Jungen sind, gibt es eine Reihenfolge von 1. bis 5. Die Reihenfolge ist aber noch nicht vollständig bekannt. Deshalb kann auf den ersten Blick jeder der Erste, Zweite, Dritte, Vierte oder Fünfte (also der Letzte) sein.

Name	Reihenfolge				
Kai	1.	2.	3.	4.	5.
Sven	1.	2.	3.	4.	5.
Andy	1.	2.	3.	4.	5.
Chris	1.	2.	3.	4.	5.
Florian	1.	2.	3.	4.	5.

6. Schritt

Lies jetzt den Text noch einmal Satz für Satz durch. Streiche nacheinander alle Platzziffern derjenigen durch, bei denen du ganz sicher bist, dass sie nach der Beschreibung **nicht** als Erster und nicht als Letzter gegangen sind.

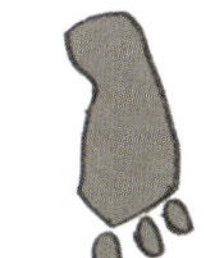
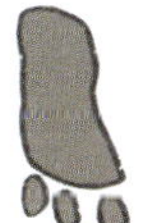

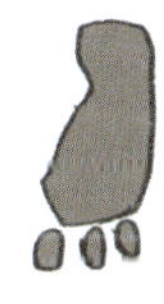

7. Schritt

Findest du dabei den ersten Jungen, von dem du sicher sagen kannst, als wievielter er gegangen ist?
→ Die Ziffer 1. hinter Kai, Sven und Andy hast du schon durchgestrichen. Es bleiben Chris und Florian. Und im Text heißt es: Nach Chris geht ein Zweiter. Und gleich nach diesem geht Florian. Also muss Chris der Erste gewesen sein. Diese Ziffer kannst du einkreisen.

8. Schritt

Welche Ziffer kannst du als Nächste einkreisen?
→ Überlege: Florian geht gleich, als nach Chris ein Zweiter gegangen ist. Chris ist als Erster gegangen. Danach ein Zweiter. Gleich nach diesem Florian. Also kannst du bei ihm die 3. einkreisen.

9. Schritt

Sobald du hinter einem Namen eine Zahl eingekreist hast, kannst du diese Ziffer hinter den vier anderen Namen durchstreichen.

10. Schritt

Und so machst du bei Kai einen Kreis um die 5. und kannst die Frage beantworten:
Wer bleibt als Letzter sitzen?

11. Schritt

Zum Schluss schreibst du die Lösung in einem ganzen Satz auf:
Kai bleibt als Letzter sitzen.

2 Der Textaufgabenknacker

Klasse 3–5

Textaufgaben sind wie Nüsse. Um an den Kern zu kommen, musst du sie knacken. Für Nüsse gibt es Nussknacker. Für Textaufgaben gibt es diese Tipps. Sie sind so etwas wie ein Textaufgabenknacker:

1. **Lesen**
   Lies nur den Text durch. Fang nicht gleich an, zu rechnen.

2. **Fragen**
   Du sollst ein Problem knacken. Das Problem steckt meist in der Frage. Deshalb halte dir als Erstes vor Augen: Wie heißt die Frage?

3. **Passende Rechenart finden**
   Bevor du anfängst zu rechnen, überlege:
   - Welche Rechenart muss ich wählen?
   - Muss ich etwas addieren, subtrahieren, multiplizieren oder dividieren?

4. **Rechenaufgabe formulieren**
   Wie heißt jetzt der Rechenansatz? Schreibe die Rechenaufgabe auf. Hast du die richtigen Zahlen eingetragen?

5. **Rechnen**
   Mit diesen Zahlen kannst du rechnen.

6. **Lösung notieren**
   Wenn du das Ergebnis ausgerechnet hast, schreibe deine Lösung in einem vollständigen Satz auf.

7. **Lösung überprüfen**
   Prüfe zum Schluss: Ist mein Lösungssatz eine genaue Antwort auf die Frage?

3 Durch Fragen zur Lösung

Klasse 2–4

Eine gute Übung, um Textaufgaben zu knacken, ist:
Nicht rechnen – nur fragen.

Hier hast du eine kleine Aufgabensammlung.
Was könntest du bei den einzelnen Aufgaben fragen?

Aufgabe 1
Der Wurm Jakob will sich durch einen Apfel fressen, der einen Durchmesser von 10 cm hat. An einem Tag schafft er 2 cm.

Frage?

Aufgabe 2
Anne braucht für ihren Schulweg 25 min.
Der Unterricht beginnt um 7.45 Uhr.

Frage?

Aufgabe 3
An einem Rosenstrauch sitzen 60 Blattläuse.
2 Marienkäfer machen sich an die Arbeit.
Jeder frisst 3 Blattläuse in 1 h.

Frage?

4 Gripsgymnastik

Klasse 2–4

Kopfrechnen ist Gripsgymnastik.
Mit vier kurzen Sprüngen hüpfst du locker über Textaufgaben.

1. **Sprung:** Lies den Text.
2. **Sprung:** Schau auf die Frage.
3. **Sprung:** Rechne die Zahlen im Kopf.
4. **Sprung:** Antworte in einem ganzen Satz.

Schluckauf
Mirko hat Schluckauf. Sein Hicks! ist richtig laut zu hören.
In einer Minute macht er fünfmal: Hicks!
Nach genau 7 Minuten ist es vorbei.
Wievielmal war Mirkos Hicks zu hören?

Antwort: Mirkos Hicks war ______ mal zu hören.

Eiskugeln
Eine dicke Kugel Eis kostet 1 €. Silas hat Geburtstag und
lädt seine zwei Freunde zum Eisessen ein.
Die beiden bekommen je zwei Kugeln, Silas nimmt nur eine.
Er bezahlt mit einem 10-€-Schein.
Wie viel Geld bekommt Silas zurück?

Antwort: Silas bekommt ______ € zurück.

Fußball
Kai und Felix haben in 12 Fußballspielen mitgespielt.
Zusammen haben sie 15 Tore geschossen.
Felix hat doppelt so viele Tore geschossen wie Kai.
Wie viele Tore hat Felix geschossen?

Antwort: Felix hat ______ Tore geschossen.

Hausaufgaben
Marie und Emma machen zusammen Hausaufgaben.
Marie hilft ihrer Freundin Emma 15 Minuten lang beim Rechnen.
Und Emma hilft Marie 10 Minuten lang beim Lesen.
Wer hilft wem wie viele Minuten länger?

Antwort: ______ hilft ihrer Freundin ______ ______ Minuten länger.

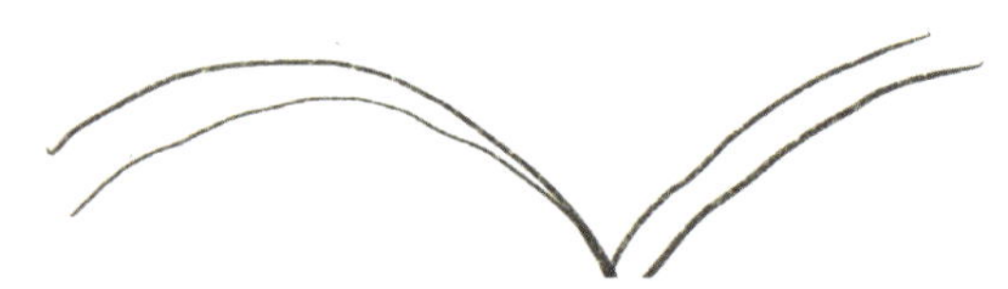

5 Eine Textaufgabe zum Üben

Klasse 3–5

Mit jeder Textaufgabe, die du geknackt hast, bekommst du mehr Sicherheit. Und irgendwann macht es dir vielleicht sogar Spaß, selbst Textaufgaben zu erfinden.

Zum Üben hast du hier eine Textaufgabe mit sehr viel Text.
Es ist viel mehr Text, als normalerweise in einer Textaufgabe steht.

»» Jetzt lies die Aufgabe aufmerksam durch. Dabei brauchst du noch nichts aufzuschreiben und nichts zu rechnen.

Klassenausflug

In der Klasse 4a sind 15 Jungen und 12 Mädchen.
Seit 2 Wochen planen sie ihren Ausflug. Sie haben 10 Tage lang diskutiert, ob sie ins Müllmuseum oder in den Zoo gehen sollen. In 3 Tagen geht es endlich los. Am 16. Mai werden sie in den Zoo gehen. 18 Kinder haben dafür gestimmt, 6 waren dagegen, und 3 haben gesagt, es sei ihnen egal.
Von der Schule bis zum Zoo sind es 40 Kilometer.
Dafür brauchen sie 2 Stunden. Eine Stunde für 36 Kilometer mit dem Bus und eine Stunde für 4 Kilometer zu Fuß.
Am Nachmittag holt der Bus sie am Zoo ab. Der Ausflug kostet 7,50 € pro Kind: 2,50 € Eintritt und 5,00 € für die Hin- und Rückfahrt mit dem Bus. Rechne aus, wie viel die Busfahrt insgesamt kostet.

»» Im letzten Satz der Aufgabe liest du, dass du ausrechnen sollst, wie viel die Busfahrt kostet. Zum Üben, wie du Textaufgaben besser verstehst, kannst du noch andere Fragen stellen.
Was könnte man in dieser Textaufgabe sonst noch ausrechnen?

Textaufgaben selbst gemacht

Klasse 3–5

Was tun, wenn Textaufgaben allzu sehr verwirren?
Was tun, wenn mehr Informationen und Zahlen in einer Aufgabe stecken, als du für eine bestimmte Lösung brauchst? Oder wenn in einer einzigen Aufgabe mehrere Fragen und Lösungen stecken?

Gegen solche Verwirrungstaktik gibt es ein wunderbares Mittel: Du formulierst die Fragen selbst.

»» In der nächsten Textaufgabe findest du ein irres Verwirrspiel. Da wimmelt es nur so von Zahlen und Informationen. Ein völliges Durcheinander. Willst du einmal testen, wie gut du trotzdem den Durchblick behältst? Dann lies zunächst einmal den Textaufgabensalat:

Textaufgabensalat

Der 10-jährige Tom und der 12-jährige Jonas sind dicke Freunde. An jedem Tag, außer am Sonntag, spielen sie 2 Stunden Fußball. Das machen sie nun schon auf den Tag genau 4 Wochen lang so. Tom ist 8 cm kleiner als Jonas, der 1,54 m groß ist. Deshalb ist Jonas für die Kopfbälle zuständig. Die beiden teilen immer, was sie für die Pause mitbringen. Zu jedem Training bringt Tom 2 Flaschen Wasser mit und Jonas 4 Äpfel. Für den Weg von daheim zum Fußballplatz braucht Tom immer genau 7 Minuten, Jonas doppelt so lang.

Welche Fragen kannst du zu diesem Text stellen?

Frage?
Frage?
Frage?

Hier ein paar Frage-Ideen:

- Wie viele Stunden Fußball haben die beiden in 4 Wochen gespielt?
- Wie groß ist Tom?
- Wie viele Äpfel hat Jonas insgesamt mitgebracht?
- Wie viele Äpfel hat Tom gegessen?
- Wie viele Minuten hat Jonas in 2 Wochen für seinen Weg zum Fußballplatz gebraucht? (Achtung: Sonntag!)

Gehen deine Fragen auch in diese Richtung?
Oder hast du noch ganz andere Möglichkeiten gefunden?

7 Immer schön der Reihe nach

Klasse 3–5

Bei den meisten Textaufgaben steht am Ende eine Frage. Manchmal steht da auch eine Doppelfrage. Zum Beispiel:

Wie viele Flaschen hatte Robin gesammelt,
und wie viel Euro Pfand bekam er dafür?

Die Antwort auf diese Frage schreibst du am besten sofort nach dem Lesen als Lösungssatz auf. Natürlich weißt du noch keine genauen Zahlen. Dann schreibst du einfach:

Robin hatte **?** Flaschen gesammelt
und bekam **?** Euro Pfand dafür.

So hast du die Textaufgabe schon zur Hälfte gelöst. Wirklich! Denn du hast jetzt genau vor Augen, was du noch rechnen musst.

Lies die Textaufgabe nochmals langsam durch:

> Nach dem Fußballspiel lagen vor dem Stadion viele Flaschen herum. Robin wusste, dass es für jede Flasche 15 Cent Pfand gibt. Darum hatte er schon eine große Tragetasche mitgebracht. Pro Minute hat er 3 Flaschen gesammelt. Nach 7 Minuten war die Tasche schon voll. Wie viele Flaschen hatte Robin gesammelt, und wie viel Pfand bekam er dafür?

Und weil der Tipp so wichtig ist, steht er hier noch einmal:

7×
Haus-
aufgaben
Los geht's

Mein schönster Wochenplan

Klasse 3–5

Jeden Tag packst du zu Hause etwas für die Schule ein. Neben deinen Schulbüchern oder Heften auch deine Hausaufgaben. Mit dem Wochenplan-Tipp kannst du deine Hausaufgaben unter die Lupe nehmen. Du kannst an verschiedenen Tagen einmal kurz nachdenken, wann, wo und wie du sie am besten und am liebsten machst.

Du brauchst dir die Tage des Plans nicht nacheinander vornehmen und alles in einer einzigen Woche erledigen. Du kannst die Werktage gut auf mehrere Wochen verteilen. Wenn du einen bestimmten Hausaufgabentag bearbeitet hast, kannst du diesen Tag abhaken.

❒ Montag

Heute überlege ich mir als Erstes:

Wann beginne ich am besten mit meinen Hausaufgaben?

- Schon in der Schule oder gleich, wenn ich zu Hause bin?
- Vor oder nach dem Essen?
- Nach dem Spielen oder erst am Abend?

Meine beste Hausaufgabenzeit ist ______ Uhr.

❒ Dienstag

Heute frage ich mich:

Wo mache ich meine Hausaufgaben am liebsten?

- An meinem eigenen Schreibtisch?
- Am Küchentisch?
- Im Wohnzimmer?
- In der Schule?

Mein liebster Hausaufgabenplatz ist __________________.

❐ Mittwoch

Heute denke ich darüber nach,
wie ich meine Hausaufgaben mache:

- Am liebsten allein oder mit Freunden oder Geschwistern?
- Wenn Mutter oder Vater dabei sind?
- Mit Musik oder wenn der Fernseher läuft?

Meine Hausaufgaben mache ich am liebsten .

❐ Donnerstag

Manchmal habe ich sehr viele Hausaufgaben auf. Ich muss etwas abschreiben, ein paar Aufgaben rechnen und ein Bild malen. Dann überlege ich:
Womit beginne ich am besten?

- Lieber mit etwas Leichtem, oder nehme ich mir gleich das Schwierige vor?
- Fällt es mir fast immer schwer, mit den Hausaufgaben anzufangen?

Ich fange am besten damit an: .

❐ Freitag

Es macht mir viel mehr Spaß, wenn ich etwas freiwillig mache.
Da frage ich mich doch:
Was kann ich heute freiwillig tun?

- Zimmer aufräumen?
- Meiner Mutter helfen?
- Den Fernseher abschalten?

Das mache ich heute freiwillig: .

2 Anfangen ohne Ärger

Klasse 2–5

Wenn du vor einem Problem sitzt und plötzlich eine Lösung entdeckst, rufst du erfreut: „Aha!“

Kannst du das auch bei diesen drei Hausaufgabentipps sagen?

Monster-Tipp

AHA!

A	H	A
Anfangen	**Hausaufgabenberg**	**Auswählen**
Bevor ich mit der Arbeit anfange, überlege ich: • Was habe ich alles auf? • Welche zwei Aufgaben nehme ich mir als Erstes vor? • Und die wichtigste Frage: Mit welcher Aufgabe fange ich tatsächlich an?	Manchmal sitze ich vor einem Riesenberg von Hausaufgaben. Damit der Berg mich nicht erdrückt, schaffe ich Platz auf meinem Schreibtisch. Ich räume alles weg, was mich von der Arbeit ablenkt.	Wenn ich nicht weiß, womit ich anfangen soll, sortiere ich meine Hausaufgaben in zwei Portionen: • Was ist schwierig? • Was ist leicht? Dann wähle ich aus, was ich am besten kann.

3 Meine drei besten Hausaufgabentage

Klasse 3–5

Hier kannst du deine Hausaufgaben selbst kontrollieren.
Du kannst in den nächsten drei Wochen unter die Lupe nehmen, wie, wo und wann du die Hausaufgaben erledigst. In jeder Woche an einem anderen Tag.

1. Tag	2. Tag	3. Tag	
❐	❐	❐	**Ich habe meine beste Arbeitszeit herausgefunden.** Das ist meine feste Arbeitszeit: Ich habe (fast immer) um Uhr begonnen.
❐	❐	❐	**Ich habe meinen festen gemütlichen Arbeitsplatz.** Ich habe alles weggeräumt, was mich ablenkt. Es lief keine Musik und kein Fernseher – und meine SMS habe ich erst später gelesen/verschickt.
❐	❐	❐	**Ich habe mein Arbeitsmaterial in meiner Nähe.** Ich hatte meine Bücher und Hefte in Griffnähe bereit und habe in meinem Hausaufgabenheft nachgeschaut, welche Aufgaben ich für den nächsten Tag erledigen musste.
❐	❐	❐	**Ich habe mir eine Reihenfolge überlegt, die zu mir passt.** Ich habe mir Gedanken gemacht, in welcher Reihenfolge ich die Aufgaben erledigen will: Was bearbeite ich am Anfang, was als Nächstes und was ganz zum Schluss?
❐	❐	❐	**Ich denke zunächst einmal selbst nach.** Ich habe versucht, meine Aufgaben selbst zu lösen. Als ich nicht weiterkam, habe ich erst nachgedacht, wie wir das im Unterricht gemacht hatten. Erst dann habe ich andere gefragt.

Jedes Häkchen, das du ehrlich gesetzt hast, ist ein Zeichen für deinen persönlichen Erfolg.

Mein Hausheft kann sich sehen lassen*

Klasse 1–4

Bist du zufrieden damit, wie du dein Hausheft führst?
Willst du das einmal selbst bewerten?
Und wärst du auch dazu bereit, das Heft deinen Eltern zu zeigen?
Vielleicht würden sie dir sagen: „Traumhaft, dein Traumheft!“

Einmal in der Woche könntest du in dieser Liste abhaken, wie du in und mit deinem Heft gearbeitet hast.

Mein schönstes Hausheft	**1. Woche**		**2. Woche**		**3. Woche**	
	Ich	Eltern	Ich	Eltern	Ich	Eltern
Ich trage oben das Datum ein.						
Ich unterstreiche die Überschrift mit dem Lineal.						
Ich beginne mit einem neuen Thema auch eine neue Seite.						
Ich mache einen Absatz, wenn ein neuer Gedanke beginnt.						
Ich unterstreiche wichtige Stichwörter.						
Ich umrande Merksätze farbig.						
Ich streiche ~~Fähler~~ Fehler mit dem Lineal durch.						
Ich lasse einen Rand für Notizen oder kleine Symbole.						
Ich klebe wichtige Arbeitsblätter ins Heft.						
Ich kann mir bescheinigen: **Saubere Heftführung!**						

5 Hausaufgaben mit geschlossenen Augen

Klasse 1–5

Mit diesen kleinen Hausaufgabentipps kletterst du Sprosse für Sprosse nach oben.

Monster-Tipp

Beginne deine Hausaufgaben mit einer kleinen Konzentrationsübung.

Zum Beispiel:

Schließ die Augen, und stell dir vor, was ihr am Vormittag im Unterricht gemacht habt.

- Welches Fach hattet ihr in der ersten Stunde?
- Was hat die Lehrerin/der Lehrer als Erstes gesagt?
- Was stand an der Tafel?
- Hast du dich gemeldet?
- Was hast du gesagt oder gefragt?
- Wurdest du gelobt? Wofür?
- Was genau hat die Lehrerin/der Lehrer zu dir gesagt?
- Worüber hast du dich besonders gefreut?

Mit solchen Fragen stimmst du dich auf deine Arbeit ein. Du suchst nach deinen Stärken, nach dem, was du gut kannst und gern machst.

Nach dieser Übung teilst du deine Hausaufgaben in kleine Portionen ein.

Und nach jeder erledigten Aufgabe freue dich über den Erfolg. Belohne dich mit einer kleinen Pause.

Bevor du in die Pause gehst, lege etwas zurecht, womit du nach der Pause weiterarbeiten willst. So gehst du mit dem Gefühl in die Pause, dass du weißt, wie es weitergeht. Du hast alles im Griff.

 Wenn ein Problem bei der Arbeit stört

Klasse 1–5

Sorge dafür, dass du an deinem Arbeitsplatz ruhig und ungestört lernen kannst. Aber es gibt ja nicht nur äußere Störungen für Augen und Ohren. Manchmal gibt es auch innere Störungen.

Wenn du nicht lernen kannst, weil dich etwas bedrückt, sprich mit jemandem darüber. Wer könnte das sein? Eine Freundin, ein Freund, Bruder, Schwester, Mutter, Vater, Oma, Opa – oder sogar die Person, wegen der du die innere Störung hast?

Nach dem Gespräch geht es dir meist besser, und du kannst dich auch wieder auf deine Hausaufgaben konzentrieren. Dieser Lerntipp ist zwar sehr kurz und nicht ganz konkret, aber es ist trotzdem ein sehr wichtiger Tipp.

7 Eine Geschichte als Hausaufgabenhilfe

Klasse 2–5

Der letzte Hausaufgabentipp ist eine Geschichte von einer besonderen Hausaufgabenhilfe.

Wut im Bauch

Der zehnjährige Robin saß vor einem Berg von Hausaufgaben. Er kam nicht recht voran und fand alles schwierig. Da wurde er wütend. „Ich hasse meinen Lehrer“, schrie er. „Ich werde diese Hausaufgaben nicht machen! Basta!“ Seine Mutter schaute kurz zur Tür herein: „Oh, du hast eine Menge Hausaufgaben zu erledigen.“ Weiter sagte sie nichts und machte die Tür leise wieder zu.

Zwei Stunden später, als er mit allen Hausaufgaben fertig war, sagte Robin: „Mama, ich danke dir, dass du mir bei den Hausaufgaben geholfen hast.“ Völlig überrascht fragte die Mutter: „Wie meinst du das? Ich habe doch gar nichts gemacht.“ Robin antwortete: „Doch, Mama, du hast mir sehr geholfen, weil – weil du mich nicht noch wütender gemacht hast!“

- Kannst du dir vorstellen, wie es Robin bei den Hausaufgaben zumute war? Hätte das auch dir passieren können? Wäre es dir dann auch eine Hilfe gewesen, wenn deine Mutter gar nichts gesagt hätte?

- Magst du die Geschichte deiner Mutter zeigen? Was, meinst du, wird sie dazu sagen? Und was sagt sie dann wirklich?

Test zum Lesekompass

Du hast auf Seite 27 einige Zettel gelesen. Versuche nun, die Fragen zu beantworten:

Was steht unten?
Was steht in der Mitte?
Und wo sind die Kaninchenohren?
Wo steht der Baum?
Wo steht die Giraffe?

Wie viele Fragen hast du richtig beantwortet?
Schon bei drei richtigen Antworten lohnt es sich für dich, das Lesen und Behalten mit bestimmten Orten zu verbinden. Das sind dann Merk-Orte in deinem Kopf, die dir wie auf einer Landkarte helfen können, Informationen zu finden.

Klassen-arbeiten

Da geht's lang

Mein 3-Tage-Plan für die nächste Klassenarbeit*

Klasse 3–5

Mit einem 3-Tage-Plan kannst du die nächste Klassenarbeit super vorbereiten.

Angenommen, ihr schreibt die Arbeit an einem Donnerstag. Dann könnte deine Woche so aussehen:

❐ **Montag**

Ich schreibe nur das Thema auf.

Zum Beispiel: Mathematik – Textaufgaben.

Während du zwei oder drei Stichwörter aufschreibst, denkst du schon einmal kurz daran, dass du zu diesem Thema morgen und übermorgen etwas üben sollst. Fertig.

❐ Dienstag

Heute geht es schon um mehr.

1. **Ich schaue nach, wo ich etwas zu diesem Thema in meinen Unterlagen finde:**

   In meinem Hausheft auf Seite

   In meinem Buch auf Seite

2. **Das will ich heute üben:**

3. **Mit wem zusammen will ich üben?**

   Wen kann ich etwas fragen? Wem will ich etwas erklären? Wer soll mich abfragen?

Wenn du das eingetragen hast, machst du eine kleine Pause. Danach erledigst du vielleicht noch eine andere Hausaufgabe. Nachdem du damit fertig bist, nimmst du dir der Reihe nach die drei Punkte vor, die du hier oben notiert hast.

❐ Mittwoch

Morgen schreibt ihr die Arbeit. Deshalb gilt für heute:

Ich übe nicht zu lange und lerne nichts Neues mehr.

❐ Donnerstag

Heute ist es so weit. Auf dem Weg zur Schule könnten dir solche Gedanken durch den Kopf gehen:

**Ich gehe mit dem Gefühl in die Klassenarbeit,
dass ich mich gut vorbereitet habe.
Auch wenn ich vielleicht nicht alles kann,
so weiß ich, dass ich eine Menge kann.**

Training gegen den Zeitdruck

Klasse 3–5

Rennt dir manchmal in einer Klassenarbeit die Zeit weg? Hast du das Gefühl, wenn du mehr Zeit hättest, könntest du ein besseres Ergebnis erzielen? Dann hilft es dir vielleicht, wenn du für die nächste Klassenarbeit dein Zeitgefühl trainierst. Der beste Stoff für dieses Training sind deine Hausaufgaben.

- Nimm dir ein- oder zweimal in einer Woche eine bestimmte Hausaufgabe vor. Dabei füllst du die Tabelle auf der rechten Seite aus. Trage das Datum ein und nur ein Stichwort für die Art der Aufgabe.

- Was vermutest du, wie lange du wohl brauchen wirst, um diese Aufgabe zu erledigen? Trage diese Minuten als geschätzte Zeit ein.

- Nun tust du so, als wäre diese Aufgabe eine Klassenarbeit. Du schaust auf die Uhr und beginnst mit der Arbeit. Noch besser wäre es, wenn eine andere Person dir das Startzeichen gibt.

- Bist du mit der Arbeit fertig, wird die Zeit gestoppt. Wie lang hast du gebraucht? Diese Minuten schreibst du in das Feld Tatsächliche Zeit.
  Wenn du das in den nächsten Wochen vier- oder fünfmal (oder noch besser: siebenmal!) gemacht hast, kannst du die Zeit immer besser einschätzen. Du bekommst ein richtig gutes Zeitgefühl und wirst immer sicherer. Und jedes Mal, wenn du gut geschätzt hast, ist das ein richtiges Erfolgserlebnis!

Mein Sicherheitstraining auf Zeit für das Fach					
Datum	Aufgabe	Geschätzte Zeit in Minuten	Tatsächliche Zeit in Minuten	Unterschied länger/kürzer	Was fällt mir im Laufe des Trainings auf?

3 Fehler mit einem dicken Stift bekämpfen

Klasse 1–4

Fehler sind etwas Unangenehmes. Aber es gibt keinen einzigen Menschen auf der ganzen Welt, der noch nie einen Fehler gemacht hat. Fehler sind also etwas ganz Normales.

Dieser Satz hilft dir aber wenig, wenn du eine Klassenarbeit zurückbekommst und rot angestrichene Fehler siehst. „Das soll nicht wieder vorkommen", sagst du vielleicht. Und damit du recht behältst, kannst du etwas dafür tun:

- Schau nach, welche Fehler am häufigsten vorkommen. Hast du diese Fehler auch schon in deinem Hausheft gemacht?

- Wenn du einen dicken Fehler entdeckt hast, verhafte ihn. Schreibe das richtige Wort oder die richtige Lösung mit einem **dicken Filzstift** auf einen Zettel. Überlege dann: Wohin mit diesem Zettel? Wo kann ich ihn aufhängen oder hinlegen, sodass ich mir das merken kann?

- Es dürfen nicht mehr als drei Zettel sein. Also nimmst du nur die dicksten Fehler. Aber Vorsicht: Nicht den Fehler aufhängen, sondern die richtige Lösung.

- Und spätestens nach einer Woche sollen diese Zettel auch verschwinden und im Papierkorb landen.

4 Mein kleines Lerntagebuch

Klasse 3–5

Klassenarbeiten sind Prüfungen. Es wird überprüft, wie gut du mit den Themen zurechtkommst, die ihr gerade im Unterricht behandelt. Wenn du die Klassenarbeit zurückbekommst, siehst du, wie gut du eine Aufgabe schon gelöst hast – oder in welchen Bereichen du noch ein bisschen üben solltest.

In einer Klassenarbeit gibt die Lehrerin oder der Lehrer dir die Note. Du kannst dir aber auch selbst eine Note geben. Oder eine Art von Note. Wenn du selbst beschreiben kannst, wie gut du deine Hausaufgaben erledigst oder wie du im Unterricht mitmachst, dann beurteilst du dich selbst.

- Wenn du dich also selbst beurteilst, denkst du darüber nach, was du schon gut oder sehr gut kannst, was dir Spaß macht und womit du noch Schwierigkeiten hast. Und ganz wichtig: Du stellst fest, wo du Fortschritte gemacht hast. Und damit du diese Fortschritte auch sehen kannst, schreibst du sie in ein kleines Lerntagebuch. Das wäre schon eine sehr gute Vorbereitung auf die nächste Klassenarbeit.

- In dein Lerntagebuch musst du nicht unbedingt ganze Sätze aufschreiben. Es genügt schon, wenn du über dein Lernen nachdenkst und zum Beispiel in die folgende Vorlage eine passende Aussage einträgst. Sie sieht aus wie ein Klettergerüst oder ein Kletterbaum. Du findest sie auf der nächsten Seite.

A
Spitze!

Stimmt!

A
Das läuft ganz gut.

Das geht einigermaßen.

A
Da sind erste kleine Fortschritte.

Das ist noch ziemlich weit unten.

Hier hast du ein paar Aussagen zur Auswahl, die du den Stufen zuordnen kannst:

A: Ich habe meine Hausaufgaben ordentlich gemacht.

B: Ich konnte im Unterricht gut abwarten, bis ich aufgerufen worden bin.

C: Ich bin nicht gleich ausgeflippt, als etwas nicht sofort geklappt hat.

D: Ich habe für die nächste Klassenarbeit ohne Murren und Maulen geübt.

E:

Meine eigene Idee

➢ Wähle eine Aussage aus, zu der du eine Bewertung abgeben willst.

Zum Beispiel:

A: Ich habe meine Hausaufgaben ordentlich gemacht.

➢ Wenn du gelesen hast, was in dem Satz behauptet wird, kannst du den Buchstaben auf die betreffende Stufe setzen. Und zwar:

In Rot schreibst du den Buchstaben auf die Stufe, von der du denkst, dass sie zu der Aussage passt. Hier beurteilst du dich selbst.

In Blau schreibst du noch einen Buchstaben. Diesmal setzt du ihn aber auf die Stufe, von der du meinst, dass sie deine Eltern oder Lehrer für dich ankreuzen würden.

Wenn du willst, kannst du danach deine Eltern bitten, den Buchstaben ja tatsächlich in Grün einzutragen.

5 Faustregel gegen Prüfungsangst

Klasse 3–5

Kennst du den Ausspruch: „Schmetterlinge im Bauch"? Da ist etwas ganz schön aufregend. Manche sagen auch: „Klassenarbeiten sind wie Schmetterlinge im Kopf." Das ist dann noch aufregender. Gegen solche Aufregungen gibt es eine Faustregel. Diese kannst du dir an deinen fünf Fingern abzählen:

Daumen

Auf dem Weg zur Klassenarbeit drücke deinen Daumen wirklich. Deine Mutter oder dein Vater drücken dir die Daumen nur in Gedanken. Und du sagst dir jetzt in Gedanken: „Ich habe mich gut vorbereitet!" Dabei drückst du deinen Daumen noch einmal ganz fest.

Zeigefinger

Geh nur ja den Leuten aus dem Weg, die dich noch kurz vor der Arbeit verrückt machen. Du sollst ihnen zwar nicht den Vogel zeigen, aber du solltest nicht zuhören, wenn dir jemand unbedingt aufzählen will, was er alles gelernt und vorbereitet hat.

Mittelfinger

Dieser Finger hat leider einen schlechten Namen. Du kannst ihn aber als wichtig ansehen. Immerhin heißt er ja Mittelfinger, so ähnlich wie Mittelpunkt. Und im Mittelpunkt einer Klassenarbeit steht die Empfehlung, einen klaren Kopf zu bewahren. Das schaffst du, wenn du während der Klassenarbeit den Schreibstift kurz aus der Hand legst und dreimal tief durchatmest. Wenn du willst, kannst du dabei deine beiden Mittelfinger ineinanderhaken.

- **Ringfinger**
  Du bist mit keiner Aufgabe verheiratet. Wenn du eine Frage nicht beantworten kannst, geh zur nächsten. Hab Mut zur Lücke!

- **Kleiner Finger**
  Der kleine Finger gilt als Zeichen dafür, dass etwas klein und pfiffig ist. Betrachte kurz deinen kleinen Finger und sage dir: „Ich komme mit der Arbeit gut zurecht. Trotzdem werde ich nicht übermütig. Eine Klassenarbeit ist ja auch keine Kleinigkeit."

- Und weil jetzt kein Finger mehr frei ist, nimmst du für den letzten Tipp am besten die ganze Faust: Die machst du in der Tasche, wenn dich noch etwas ärgert.

Und ganz zum Schluss noch ein Zusatztipp:

6 Sätze, die Mut machen

Klasse 1–5

Hast du manchmal oder sogar oft Angst vor Klassenarbeiten? Plagen dich auch sonst im Unterricht hin und wieder Angstgedanken? Dann verwandle sie in Mutmachersätze.

Hier steht so eine Verwandlungsmaschine:

Angstgedanken	verwandelt in	Mutmachersätze
Hoffentlich ~~werde ich nicht aufgerufen~~.	→	Ich melde mich, weil ich zeigen will, dass ich mutig bin.
Die anderen ~~lachen mich bestimmt aus~~.	→	Ich darf Fehler machen, weil jeder Mensch Fehler macht.
Wenn ich aufgerufen werde, ~~fällt mir bestimmt nichts mehr ein~~.	→	Ich frage nach, wenn ich etwas nicht verstehe.
Im Unterricht warte ich sehr oft, ~~bis die Stunde endlich vorbei ist~~.	→	Ich beobachte meine Lehrerin, wie sie spricht.
Wenn ich mich melde, ~~komme ich mir komisch vor~~.	→	Ich freue mich, wenn ich etwas sagen darf.

7 Kleine Erfolge mit großer Wirkung

Klasse 1–5

Wenn du keine Lust hast, für eine Klassenarbeit zu üben, kann ein einfacher Zettel kleine Wunder wirken. Zum Beispiel ein Erfolgszettel. Das ist ein Notizzettel, den du selbst geschrieben hast. Aber was auf diesem Zettel steht, hat dir eine Lehrerin oder ein Lehrer gesagt. Zum Beispiel: „Svenja, das war eine ausgezeichnete Antwort!"

Wenn eine Lehrerin dir so etwas Ähnliches im Unterricht gesagt hat, schreibst du es gleich auf. Am besten setzt du noch das Datum dazu und den Namen der Lehrerin darunter. Ein solcher Zettel über deinem Schreibtisch kann eine ganz starke Wirkung haben. Du liest den Satz und kannst staunen, dass dir die Arbeit jetzt etwas leichter fällt.

Sibu, das war monstermäßig gut!

Frau Grünzahn, 23.05.2014

7×

Motivation

Mein Anti-Trödel-Programm

Klasse 1–3

Ich sitze da und soll Hausaufgaben machen. Aber meine Gedanken gehen spazieren. Da hilft mir manchmal ein Blick auf eines meiner Miniposter. Da gibt es einige Sprüche, die mir überhaupt nicht gefallen. Ich merke aber, dass es gut für mich wäre, wenn ich mir diesen oder jenen Gedanken durch den Kopf gehen lasse. Ich suche mir also ein Miniposter aus. Das nehme ich heute als mein Anti-Trödel-Programm:

Ich sitze hier
und mache meine
Hausaufgaben gerne.

Ich beginne heute
meine Arbeit pünktlich –
ohne Meckern.

Ich mache gerne Pausen –
aber erst, wenn ich mit der
ersten Aufgabe fertig bin.

**Ich arbeite gründlich
und konzentriert.**
Musik, Fernseher, Computer
und Handy sind ausgeschaltet.

Nix wie weg mit dem, was stört.
Ich habe Platz an meinem Arbeitsplatz.

Ich kann, was ich will.
Was ich wirklich will,
das kann ich auch.

2 Danke für den Tipp

Klasse 1–2

Manchmal sind es nur Kleinigkeiten, die ziemlich nerven können. Dann magst du es auch nicht, dass dir jemand gute Tipps gibt. Wenn du dir den Tipp aber selbst aussuchst, sieht es schon ein bisschen anders aus.

Kennst du eines der folgenden Probleme? Wenn ja, kannst du mit einem der Minitipps etwas anfangen? Dann kreuze ihn an. Dabei denkst du ganz still für dich: „Danke für den Tipp!“

Gibt es beim Radieren Knitterfalten?
Wenn du radierst, so halte mit der einen Hand das Blatt fest und radiere nur zwischen Daumen und Zeigefinger der anderen Hand. ❐ Danke für den Tipp.

Kannst du nicht gut stillsitzen, wenn du deine Hausaufgaben machst?
Dann trainiere mit dem 10-Minuten-Trick: Du nimmst dir ein Heft oder Buch und schaust auf die Uhr, wann du startest. Jetzt gehst du im Zimmer hin und her. Dabei schaust du dir in deinem Buch oder Heft an, was du lesen oder schreiben sollst. Nach drei Minuten setzt du dich wieder hin. Du schaust nochmals auf die Uhr und bleibst die nächsten sieben Minuten bei deinen Aufgaben sitzen. ❐ Danke für den Tipp.

Ist dein Arbeitsplatz eine Katastrophe?

Der Platz, an dem du deine Hausaufgaben machst, ist dein Arbeitsplatz. Und Arbeit ist oft anstrengend. Trotzdem sollst du dich an deinem Arbeitsplatz auch wohlfühlen können. Gestalte den Platz also mit etwas aus, das dir gut gefällt: Du hängst ein schönes Poster oder Foto auf, stellst vielleicht noch ein Blümchen dazu – und lässt von Zeit zu Zeit frische Luft herein.

❐ Danke für den Tipp.

3 Wer fragt, gewinnt

Klasse 2–5

Fragen stellen ist kein Zeichen von Dummheit. Im Gegenteil. Wer fragt, denkt mit.

- Aber: Frage nicht einfach drauflos. Bevor du fragst, überlege, was du wissen willst. Notiere dir zu Hause eine Frage, die du in der nächsten Unterrichtsstunde stellen willst. (Und dann stelle sie auch!)
- Lass dich vom Lachen oder Grinsen einiger „Superschlauer" oder Besserwisser nicht beirren. Sie können auf deine Frage oft selbst keine schlaue Antwort geben.
- Auf manche Frage findest du die Antwort aber selbst. Schlag im Duden oder Lexikon nach, suche in deinen Notizzetteln, blättere im Hausheft oder Schulbuch. Oder tippe deine Frage in eine Suchmaschine im Internet.

**Hier kannst du dich wie ein Detektiv im Fragen üben.
Viel Spaß beim Nachdenken und Forschen!**

Ein paar Fragen – ganz privat:

- Wie gut kennst du deine Eltern?
- Wie alt sind sie?
- Was machen sie in ihrem Beruf sehr gerne?
- Welche Arbeiten mögen sie überhaupt nicht?
- Was machen sie in ihrer Freizeit am liebsten?
- Was ist ihr Lieblingsessen?
- Was ist ihre Lieblingsfarbe?
- Welche Musik hören sie gerne?
- Welche Bücher lesen sie gerne?
- Wie gut waren sie in der Schule?
- Was haben sie als Kind gerne gespielt?
- Worüber würde sich deine Mutter mehr freuen: über einen Blumenstrauß von deinem Taschengeld oder eine halbe Stunde freiwilliges Mithelfen im Haushalt?

4 Was im Mittelpunkt steht*

Klasse 3–5

Du sitzt an einer Aufgabe, und dir geht alles Mögliche durch den Kopf. Du springst mit deinen Gedanken mal hierhin und bald dorthin. Und es dauert nicht lange, da bist du von deiner Aufgabe ganz weit weg. Dann könnte dir dieser Tipp über den Mittelpunkt eine gute Hilfe sein.

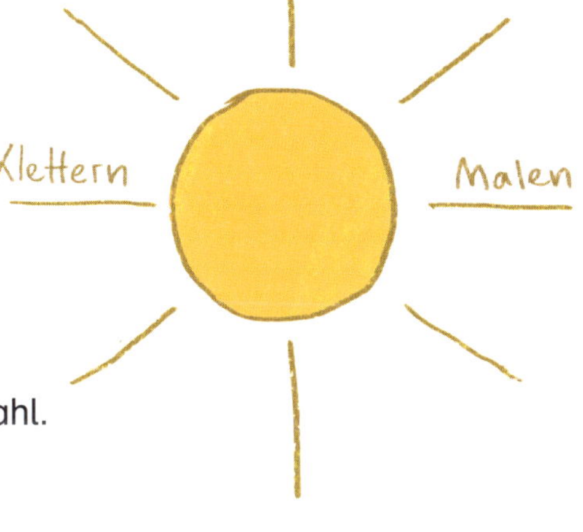

Für den Tipp brauchst du Stift und Papier.

- Mitten auf das Blatt schreibst du zum Beispiel: Das kann ich gut!
- Um dieses Sätzchen herum ziehst du einen Kreis – wie ein Sonnengesicht.
- Jetzt zeichnest du einen Strich wie einen Sonnenstrahl.
- Auf die Linie schreibst du etwas hin, das du gut kannst.
- Angenommen, du schreibst zum Beispiel: Klettern.
- Danach gehst du wieder zum Mittelpunkt zurück, du liest das Sätzchen in der Sonne.
- Du denkst nach, was du sonst noch gut kannst, ziehst den zweiten Strich und schreibst auf die Linie vielleicht Malen hin.
- Du gehst zurück zum Mittelpunkt, nächster Strahl, neues Wort …
- So geht es weiter, bis du eine Sonne mit vielen Strahlen hast.

- Vielleicht malt deine Mutter, dein Vater, eine Freundin oder ein Freund noch einen Strahl dazu?

- Genauso könntest du auch mit einem anderen Thema verfahren. Du schreibst zum Beispiel das Aufsatzthema in die Mitte des Blattes und ziehst einen Kreis darum. Du zeichnest den ersten Strahl – was fällt dir zu dem Thema ein? Du gehst zurück zum Mittelpunkt, liest das Thema und zeichnest den nächsten Strahl. Und so lässt du die Sonne über deinem Aufsatz scheinen.

„Lass mir meine Ruhe!“

Klasse 3–5

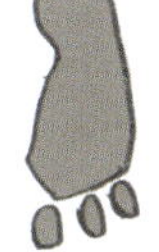

Wenn du dich mit einem Freund gestritten hast, eine Klassenarbeit nicht so gut ausgefallen ist oder du dich einfach über etwas ärgerst, dann sitzt du mit deinen Hausaufgaben zwar am Schreibtisch, bist aber trotzdem nicht da. Deine Gedanken und Gefühle sind woanders.

1. Schritt: Wenn das einmal so ist, dann sage laut: „Stopp!“ Setz dich aufrecht hin und atme tief durch. Drei- oder viermal: tief ein und aus – ein und aus – ein und aus!

2. Schritt: Schließe die Augen. Mit geschlossenen Augen siehst du dich jetzt selbst. Du siehst, wie du am Schreibtisch sitzt und auf ein leeres Blatt Papier schaust. Du siehst, wie du einen Stift nimmst und aufschreibst, was dich ärgert. Wenn du willst, kannst du die Augen öffnen und es tatsächlich aufschreiben. Das musst du aber nicht. Du kannst weiterhin die Augen geschlossen halten und stellst dir nur vor, was du aufschreibst.

3. Schritt: Wenn du damit fertig bist, faltest du das Blatt zusammen – ganz gleich, ob du tatsächlich oder nur in Gedanken etwas daraufgeschrieben hast. Dieses Blatt legst du in dein Bett unter das Kopfkissen. Du weißt, dass das Problem damit nicht gelöst ist. Aber du lässt es eine Weile ruhen, und es soll auch dich eine Weile in Ruhe lassen.

4. Schritt: Du gehst zurück an deinen Schreibtisch und sagst dir: „Um das Problem werde ich mich erst später kümmern. Jetzt will ich mich auf meine Aufgabe konzentrieren!“ Und so gehst du wieder an die Arbeit. Wenn du damit fertig bist, holst du den Zettel unter dem Kopfkissen hervor. Ist das Problem inzwischen etwas kleiner geworden? Oder wird es wieder richtig wach und beginnt es, von Neuem in dir zu kochen? Dann suche jemanden, mit dem du darüber reden kannst.

SMS vom klasse Kumpel

Klasse 3–5

Deine Lust am Lernen hat auch viel mit deinen Freunden zu tun. Wenn du zum Beispiel ein bestimmtes Unterrichtsfach nicht magst, dann schau dich mal um, wer deiner Freunde dieses Fach recht gerne hat. Was findet dieses Mädchen oder dieser Junge so positiv daran? Frag sie oder ihn einmal ganz direkt danach. Vielleicht lässt du dich dann ein bisschen von der Begeisterung anstecken.

Es ist auch sonst sehr schön und gut für dich, wenn du Freunde hast. Dann seid ihr schon zu zweit. Wer Freunde haben will, kann eine Menge dafür tun. Nimm einmal an, es gäbe die Organisation Klasse Kumpel (KK). Das wäre ein Beratungsdienst für eine gute Klassengemeinschaft. Eine Woche lang bekämst du jeden Tag eine andere Nachricht. Welche SMS käme gut bei dir an?

Hallo,
wie willst du in der Klasse behandelt werden? Genau so behandle deine Klassenkameraden.
KK

Hi,
dräng dich nicht dauernd vor. Steh aber auch nicht immer im Abseits!
KK

Hallo,
mach nicht jeden Blödsinn mit – nur weil du meinst, die anderen halten dich sonst für einen Feigling.
KK

Hi,
hab keine Angst vor dummen Fragen. 1. gibt es die kaum, 2. lachen nur Blödel über Fragen ihrer Kameraden.
KK

Hallo,
hacke nicht auf Schwächeren herum. Hilf ihnen lieber mal! Das wäre mutig. Guck mal, auf wen die Starken immer losgehen.
KK

Hi,
bitte einen Kameraden um Hilfe, z. B. bei den Hausaufgaben. Oder frage, ob du mitspielen darfst.
KK

Hallo,
du bist ein klasse Kumpel. Völlig wurscht, ob du Segelohren hast, stotterst oder schielst.
KK

Der letzte Tipp sagt alles

Klasse 1–5

7 mal 7 Tipps, da kann nicht einer so gut sein wie der andere. Nicht jeder Tipp ist stark. Aber es waren hoffentlich ein paar starke Tipps für dich dabei. Und wenn es dir in der Schule mal nicht so gut geht, dann schau auf dieses Lernplakat:

Bin ich in der Schule
gut oder nicht so gut?
Das weiß ich nicht immer.
Aber eines weiß ich genau:

Ich bin einmalig!

Und das stimmt: Selbst wenn du einen Doppelgänger hättest, dich gibt es nur ein einziges Mal.

Für
Eltern

7 Ideen für Eltern – zum Aussteigen aus diesem Buch

1. Idee

Die Lerntipps enthalten Anregungen für die Kinder, die ihnen beim Lernen helfen sollen. Deshalb sollen Sie das Buch Ihrem Kind nicht als Pflichtlektüre verordnen.

2. Idee

Das Kind soll die Lerntipps selbst auswählen und möglichst selbstständig bearbeiten. Das heißt nicht, dass Sie nicht helfen dürfen. Wenn Ihr Kind etwas nicht verstanden hat, braucht es Unterstützung. Antreibendes und „bedrängendes" Erklären helfen aber nicht weiter, sondern blockieren. Wirksamer ist es oft, wenn nicht Sie dem Kind erklären, sondern das Kind Ihnen erklärt, wie es die Aufgabe oder den Lerntipp verstanden hat.

3. Idee

Die Reihenfolge zur Bearbeitung der Tipps ist nicht festgelegt. Die Angaben zur Klassenstufe (z. B. 1–2, 2–4 oder 3–5) und das * für eine schwierigere Aufgabe sind nur als Groborientierung gedacht. Wichtig ist, dass Ihr Kind bei der Arbeit mit den Lerntipps Erfolgserlebnisse hat.

4. Idee

Ein Lerntipp pro Tag ist genug. Und pro Woche sollten nicht mehr als zwei Lerntipps bearbeitet werden.

5. Idee

„Es gibt Rosenzüchter, die beschäftigen sich mehr mit den Blattläusen als mit der Rose." Das wäre eine blumige Umschreibung für die allgemeine Fehler- und Schwachstellenbetonung im Lern- und Schulalltag. Wenn Sie stattdessen die Fähigkeiten und Begabungen Ihres Kindes stärker wahrnehmen, sehen Sie als Erstes die Rose und kümmern sich als Nächstes um die Entfernung der Blattläuse.

6. Idee

Wer die Lust am Lernen nicht verlieren soll, muss die Lust am Ausprobieren behalten. Nicht jede Idee erscheint auf den ersten Blick vernünftig. Manchmal ist gerade etwas Merkwürdiges eine gute Merkhilfe. Deshalb ist es oft sinnvoll, nicht alles sofort zu bewerten. Manchmal findet Ihr Kind etwas toll, was Sie überhaupt nicht mögen – und umgekehrt. Was vermuten Sie, welches Themengebiet in diesem Buch wird Ihr Kind als Erstes auswählen? Mit welchem Lerntipp kann es vermutlich am ehesten etwas anfangen? Mit solchen und ähnlichen Fragen betrachten Sie das Buch durch die Brille Ihres Kindes. Und dann lassen Sie Ihr Kind (zumindest eine Weile) ganz allein mit dem Buch arbeiten.

7. Idee

Am Ende der „7 × 7 Lerntipps" steht das Märchen vom Wolf und den sieben Geißlein.

Wenn Ihr Kind all die guten (oder gut gemeinten) Tipps partout nicht annehmen will, tröstet Sie vielleicht dieses Märchen. Franz Fühmann hat es aus einer ganz anderen Sicht neu erzählt:

Lob des Ungehorsams

Sie waren sieben Geißlein
und durften überall reinschaun,
nur nicht in den Uhrenkasten,
das könnte die Uhr verderben,
hatte die Mutter gesagt.

Es waren sechs artige Geißlein,
die wollten überall reinschaun,
nur nicht in den Uhrenkasten,
das könnte die Uhr verderben,
hatte die Mutter gesagt.

Es war ein unfolgsames Geißlein,
das wollte überall reinschauen,
auch in den Uhrenkasten,
da hat es die Uhr verdorben,
wie es die Mutter gesagt.

Dann kam der böse Wolf.

Es waren sechs artige Geißlein,
die versteckten sich, als der Wolf kam,
unterm Tisch, unterm Bett, unterm Sessel,
und keines im Uhrenkasten,
sie alle fraß der Wolf.

Es war ein unartiges Geißlein,
das sprang in den Uhrenkasten,
es wusste, dass er hohl war,
dort hat's der Wolf nicht gefunden,
so ist es am Leben geblieben.

Da war Mutter Geiß aber froh.

(Franz Fühmann, illustriert von Kristina Andres © Hinstorff Verlag GmbH, Rostock, 1. Auflage 2013)

Bis bald!